BIOMAS DONDE YO VIVO

VIVO CERCA DE UN OCÉANO

Seth Lynch

Traducido por Alberto Jiménez

Gareth Stevens PUBLISHING

Please visit our website, www.garethstevens.com. For a free color catalog of all our high-quality books, call toll free 1-800-542-2595 or fax 1-877-542-2596.

Cataloging-in-Publication Data
Names: Lynch, Seth.
Title: Vivio cerca de un océano / Seth Lynch, translated by Alberto Jiménez
Description: New York : Gareth Stevens, 2017. | Series: Biomas donde yo vivo | Includes index.
Identifiers: ISBN 9781482462166 (pbk.) | ISBN 9781482462173 (library bound) | ISBN 9781482461480 (6 pack)
Subjects: LCSH: Ocean–Juvenile literature. |Marine ecology–Juvenile literature.
Classification: LCC GC21.5 L96 2017 | DDC 577.7'22–dc23

Published in 2017 by
Gareth Stevens Publishing
111 East 14th Street, Suite 349
New York, NY 10003

Translator: Alberto Jiménez
Editorial Director, Spanish: Nathalie Beullens-Maoui
Editor, English: Kristen Nelson
Designer: Andrea Davison-Bartolotta and Bethany Perl

Photo credits: Cover, p. 1 Gary C. Tognoni/Shutterstock.com; pp. 2–24 (background texture) wongwean/Shutterstock.com; p. 5 Alena Ozerova/Shutterstock.com; p. 7 (stars) guteksk7/Shutterstock.com; p. 7 (Earth) titoOnz/Shutterstock.com; p. 9 (background image) Dudarev Mikhail/Shutterstock.com; p. 9 (Arctic Ocean) Incredible Arctic/Shutterstock.com; p. 9 (Pacific Ocean) BlueOrange Studio/Shutterstock.com; p. 9 (map) ekler/Shutterstock.com; p. 11 Fiona Ayerst/Shutterstock.com; p. 13 Vladimir Melnik/Shutterstock.com; p. 15 Michael Bogner/Shutterstock.com; p. 17 abcphotosystem/Shutterstock.com; p. 19 (arrows) schab/Shutterstock.com; p. 19 (plant, fish) Incomible/Shutterstock.com; p. 19 (girl) Olga1818/Shutterstock.com; p. 19 (crab) vectorstockstoker/Shutterstock.com; p. 19 (background image) FrimuFilms/Shutterstock.com; p. 19 (shrimp) MaryValery/Shutterstock.com; p. 19 (sun) Dzm1try/Shutterstock.com; p. 19 (seabird) cutiosity/Shutterstock.com; p. 21 irin-k/Shutterstock.com.

Printed in the United States of America

CPSIA compliance information: Batch #CW17GS: For further information contact Gareth Stevens, New York, New York at 1-800-542-2595.

CONTENIDO

Las palabras del glosario se muestran en **negrita** la primera vez que aparecen en el texto.

Vida costera

Si vives en la costa, ¡tal vez tengas el océano muy cerca de tu jardín! Ir a las playas donde se puede pescar y nadar es muy divertido, pero el océano no es solo para divertirse: ¡es el mayor **bioma** de la Tierra!

¿Un gran océano?

¡Los océanos cubren aproximadamente el 70% de la Tierra! Son enormes masas de agua salada, las responsables del azul de nuestro planeta visto desde el espacio. Con el paso del tiempo, los seres humanos han puesto **límites** para dividir el único océano de la Tierra en los cinco que tienen nombre propio.

Los cinco océanos con nombre propio de la Tierra son el Pacífico, el Atlántico, el Índico, el Ártico y el Antártico (también llamados Glaciar Ártico y Glaciar Antártico). El Pacífico es el mayor y el más profundo; el Ártico es el más pequeño, más frío y más **somero**.

Océano
Ártico
América
del Norte
Europa
Asia
Océano
Pacífico
Océano
Atlántico
África
Océano
Pacífico
Océano
Índico
América
del Sur
Australia
Océano
Antártico
Antártida

Océano Pacífico

Océano Ártico

Animales oceánicos

El bioma océanico alberga muchas clases de peces. La profundidad y la **temperatura** determinan los que pueden vivir en cada uno, aunque los tiburones, por ejemplo, viven en cualquiera de ellos. Ciertos peces prosperan en aguas someras y cálidas, mientras que a otros les van mejor las aguas profundas.

Muchos **mamíferos** habitan también algún bioma oceánico; se **adaptan** al lugar donde viven. Las morsas, por ejemplo, como otros animales del océano Ártico, tienen bajo la piel una gruesa capa de grasa que mantiene su calor corporal en las frías aguas.

Plantas oceánicas

El bioma océanico de tu jardín está lleno de plantas: viven cerca de la superficie del agua porque necesitan de la luz solar para crecer y producir alimento. Las plantas oceánicas significan casa, comida y refugio para muchos animales del océano.

Las algas son unos seres vivos parecidos a las plantas de enorme importancia en el bioma oceánico; muchos animales oceánicos comen algas. También son importantes para nosotros porque las plantas y las algas oceánicas fabrican buena parte del oxígeno terrestre, el gas que los seres humanos necesitamos respirar.

algas verdes

Vivir juntos

¡Todos los seres vivos del océano forman parte de una **cadena alimentaria**! Las algas y las plantas son alimento para animales pequeños, como los camarones; las aves marinas, los peces y los cangrejos comen camarones, entre otras cosas. Estos, a su vez, son devorados por animales de mayor tamaño y también por los seres humanos.

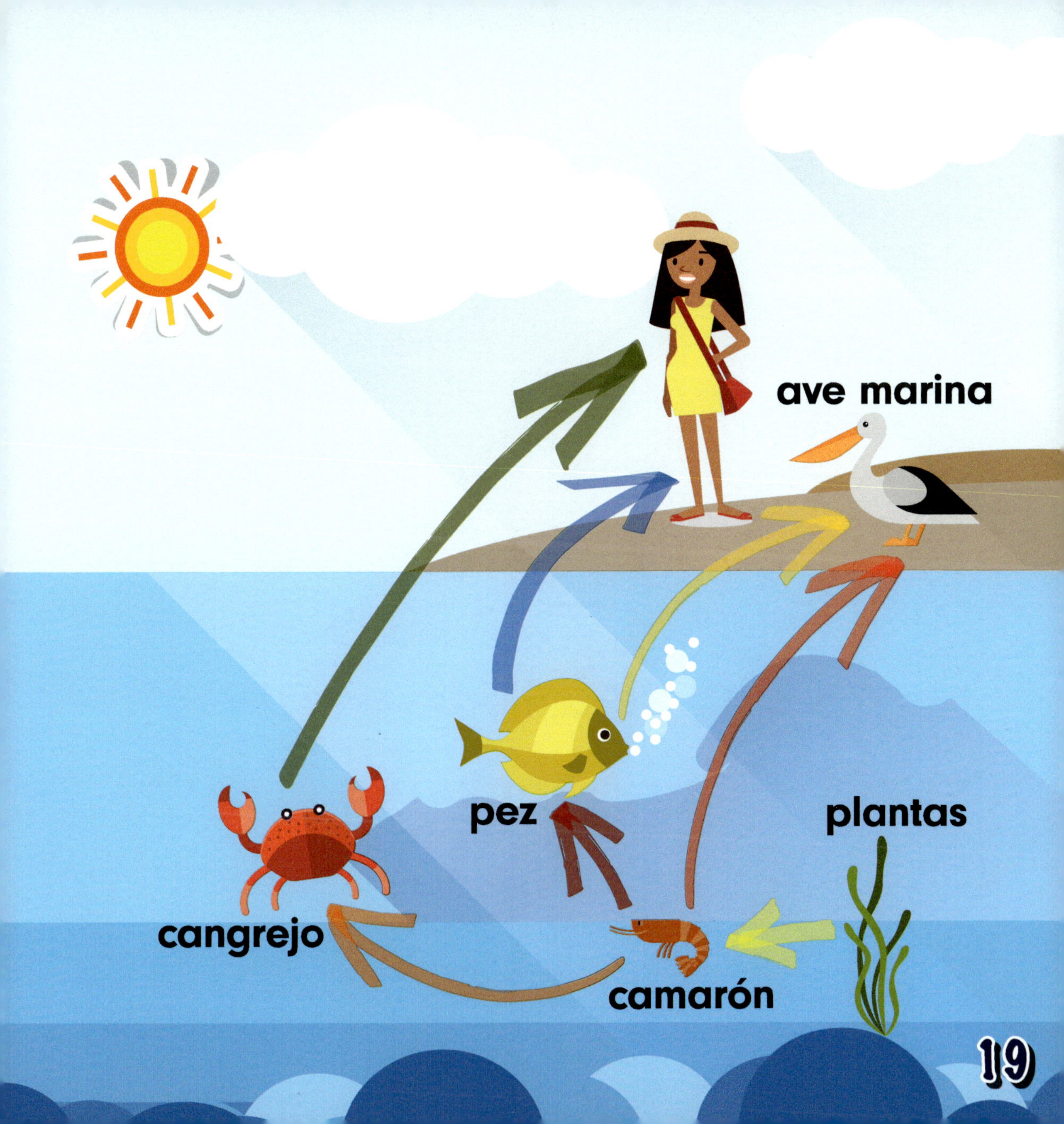
ave marina
pez
plantas
cangrejo
camarón

Cambio climático

A causa de la **contaminación** y de otras actividades humanas la temperatura de la Tierra se eleva: es lo que se conoce como cambio climático. El agua de los océanos se calienta y sus niveles suben. ¡**Conservar** el agua ayudará a salvar el bioma de tu jardín!

GLOSARIO

adaptarse: cambiar para soportar mejor las condiciones ambientales.

bioma: comunidad natural de plantas y animales, como un bosque o un desierto.

cadena alimentaria: modo en que los animales y las plantas pasan energía de unos a otros dentro de una comunidad.

conservar: proteger algo del daño para que dure más.

contaminación: basuras u otros materiales que puedan dañar un ecosistema o bioma.

límite: lugar que marca la frontera de algo.

mamífero: animal de sangre caliente que tiene espina dorsal y pelo, respira aire y amamanta a sus crías.

somero: poco profundo.

temperatura: lo caliente o lo frío que es algo.

PARA MÁS INFORMACIÓN

LIBROS

Kopp, Megan. *Pacific Ocean*. New York, NY: AV2 by Weigl, 2017.

Rizzo, Johnna. *Ocean Animals: Who's Who in the Deep Blue*. Washington, DC: National Geographic, 2016.

SITIOS DE INTERNET

Ocean Facts!
ngkids.co.uk/science-and-nature/Ocean-Facts
Descubre algunos hechos fascinantes sobre lo que hay bajo los océanos.

What Is Happening in the Ocean?
climatekids.nasa.gov/ocean/
Lee las respuestas a algunas de las grandes preguntas que pudieras tener sobre los océanos.

ÍNDICE